# LA GUERRE

# C'EST LA PAIX

# LA GUERRE

# C'EST LA PAIX

PAR

ANATOLE DE LA FORGE.

> « Afin, dit Sully en parlant du plan de Henri IV pour l'Italie, que tous ces Estats et princes, estant associés ensemble en communauté d'intérest, ils en fussent rendus plus considérables, sans que, néanmoins par cette confédération, il ne fust rien changé en leurs possessions et lois accoutumées. »
>
> L'intérêt de la France est partout où il y a une cause juste et civilisatrice à faire prévaloir.
>
> (*Discours de Napoléon III à l'ouverture de la session législative, 1859.*)

**PARIS**

| AMYOT, ÉDITEUR, | E. DENTU, ÉDITEUR, |
|---|---|
| RUE DE LA PAIX, 8. | PALAIS-ROYAL, 13, GALERIE D'ORLÉANS. |

1859

# LA GUERRE

# C'EST LA PAIX !

Ceci n'est pas un paradoxe inventé à plaisir comme pourraient peut-être le supposer quelques lecteurs en voyant le titre de cette brochure. — Qu'ils prennent la peine de nous suivre jusqu'au bout et s'ils ne partagent pas notre opinion, ils seront convaincus, du moins, qu'une pensée nationale seule nous inspire et non la tentation puérile d'un jeu d'esprit !

La situation est grave, le danger grand, et ce n'est certes pas trop du concours de toutes les intelligences pour éclairer le pays sur ses véritables intérêts ; il importe que la France agisse en Italie dans le sens de ses glorieuses destinées et qu'elle ne se laisse pas influencer par des considérations égoïstes ou mesquines. Les calculs de la peur sont toujours faux, on juge mal ce qu'on ne juge pas de sang-froid.

Examinons impartialement si les partisans du maintien de la paix émettent une sage opinion lorsqu'ils disent : Ne nous mêlons pas des querelles d'autrui, demeurons tranquilles chez nous, respectons les traités de 1815, ne nous jetons pas dans les incertitudes d'une guerre dont nul ne saurait prévoir la fin, que les Italiens se défendent eux-mêmes, qu'avons-nous besoin de secourir une nation qui s'est laissée opprimer, etc., etc... Ceux-ci sont encore les plus modérés, — il y en a d'autres qui déclarent que la guerre serait une folie, parce que les peuples divisés de la Péninsule ne valent pas la peine que la France tire l'épée pour eux, et qu'au lendemain de l'affranchissement les peuples délivrés se battraient entre eux.—Donc, ajoutent ces logiciens impitoyables, la pacification de l'Italie aura pour résultat la guerre civile. Que sais-je enfin ! C'est à qui, dans un certain monde rétrograde, jettera la première pierre à cette pauvre opprimée. Ce n'est pas tout, d'autres écrivains, mollement assis dans un fauteuil les pieds sur les chenets de leur foyer, ont déclaré solennellement : que ce n'étaient pas les canons qui avaient manqué en 1848 aux Italiens, mais le courage ! L'histoire est là pour répondre à cet odieux mensonge. Toutefois, le mot de Beaumarchais trouve encore son application : De la calomnie il reste quelque chose quand ce ne serait que le bourdonnement des êtres naïfs qui, n'ayant jamais d'opinion à eux répètent toujours comme des échos ce qu'ils entendent dire. Heureusement au-dessus de ces clameurs passionnées d'une part, injustes et haineuses de l'autre, s'élève la voix de l'opinion ; celle-là imposera bientôt silence aux murmures des hommes à courte vue qui ne se doutent pas qu'en conseillant à la France d'abdiquer sa suprématie dans une question de droit européen, ils la poussent à l'amoindrissement. De souveraine qu'elle est ils la font vassale ! Comme si la France, qui a toujours marché à la tête des nations pouvait se contenter d'un rôle secondaire. D'ailleurs, pour quelle raison notre diplomatie devrait-elle se montrer si humble et si suppliante ? Notre drapeau a-t-il subi quelque part un échec ? Qui oserait le dire ?

Personne. Qu'est-ce donc enfin que l'on invoque pour imposer silence aux sympathies de la France en faveur de la Péninsule ? — Les traités de 1815, — ces traités servant encore de règle au droit public de l'Europe, le gouvernement français, dit-on, n'a pas le pouvoir d'y porter atteinte en soutenant l'Italie opprimée contre l'Autriche oppressive. Tel est l'argument que les partisans de la paix à tout prix, lord Derby en tête, mettent en

avant ; — il aurait une valeur incontestable si ces traités qui ont
été révisés déjà plusieurs fois par les grandes puissances n'avaient
pas été violés audacieusement par une seule, — l'Autriche, — en
1846, à Cracovie. Or, il est assez étrange que ce soit précisément
cette même puissance qui réclame aujourd'hui l'exécution fidèle
des termes d'un contrat international qu'elle a elle-même déchiré.

Qu'il nous soit permis de développer ici une autre considération
à propos des traités de 1815. — Est-ce quand tout s'améliore,
tout s'élève et s'épure autour de nous, quand les lois, s'ouvrant
d'elles-mêmes à la douceur des mœurs, s'humanisent de plus en
plus, quand les mouvements de l'esprit humain, les découvertes
de l'histoire et celles de la science tendent ensemble à se rappro-
cher de l'incomparable miséricorde de Dieu qu'il faut maintenir,
des traités itérativement violés qui sacrifient le bonheur d'une
nation à l'orgueil d'une autre ?

Est-ce à la France, à l'Angleterre qui ont aboli l'esclavage et
supprimé la traite des noirs, à la Russie qui, noblement d'elle-
même, émancipe aujourd'hui ses serfs à se ranger du côté du
plus fort contre le plus faible, est-ce au dix-neuvième siècle et à
des nations généreuses qu'il faut conseiller la consécration d'une
iniquité ? Car, enfin, ces nègres que vous avez affranchis, ils n'a-
vaient jamais connu la liberté, ils étaient cent fois moins malheureux que les peuples civilisés d'Italie, condamnés à la domination
brutale de l'Autriche. Prenez garde qu'on dise, qu'après avoir
supprimé la traite des noirs, la France et l'Angleterre ont toléré
la traite des blancs !

Il importe au monde civilisé sans doute que la police des mers
soit faite par les flottes des puissances européennes, et qu'aucun
pavillon reconnu ne couvre le trafic d'hommes transformés en
marchandises ; mais il importe aussi que la police de la terre ferme
veille à ce qu'aucun abus de la force brutale ne se commette aux
dépens du droit des nationalités. Or, en maltraitant les provinces
italiennes, l'Autriche commet tous les jours une violation du
droit des gens. — Cela se passe à notre frontière aux bords de
cette mer Méditerranée où nous avons Marseille, Toulon et leurs

immenses intérêts à protéger. Au nom de quel droit l'Autriche
pousse-t-elle les populations au désespoir ? excite-t-elle, à son insu,
nous voulons bien le supposer encore, les esprits à l'emploi des
moyens extrêmes ? — Au nom des traités de 1815 qu'elle a ensei-
gné à méconnaître, à violer même par l'occupation en pleine paix
du territoire et de la ville libre de Cracovie. Est-ce donc qu'il y
aurait deux droits des gens, un à l'usage des forts, l'autre à
l'usage des faibles ? La science et la morale sont ici d'accord pour
répondre que non ; et ni Grotius, ni Wolf, ni Vattel, ni Martens
ne tolèrent l'à-peu-près en matière de droit international. Ces
maîtres ne laissent rien à l'arbitraire, à l'indécision, à la mobilité
continuelle des événements, des intérêts et des vues de ceux qui
président aux transactions politiques des grands États. Le droit
des gens est un, il protége également les faibles et les forts et
admet toutes les nations à la libre manifestation de leur souveraineté. Toutes en effet sont intéressées au maintien de l'indépendance de chacune d'elles. Tout peuple est maître de lui-même
et maître chez lui. Aussi, lorsque l'Autriche excipe de l'œuvre
diplomatique de 1815 pour opprimer l'Italie, l'Autriche oublie et
sa conduite passée et la non-valeur de l'acte qu'elle invoque. On
connaît l'opinion de Napoléon III sur les traités de 1815, elle est
développée tout au long dans ses œuvres (1). Voici maintenant
celle d'un savant professeur de droit, très-excellent juge aussi en
ces matières (2).

« Si le traité de la sainte alliance, ce grand attentat contre l'indépendance des nations et la liberté des peuples, n'avait pas été
affaibli d'abord par les répugnances de l'Angleterre (3), ensuite
par le cours rapide des événements ; si les principes de ce *pacte
des forts contre les faibles, des gouvernants contre les gouvernés, des
priviléges contre la liberté commune,* avaient pu continuer à se développer pratiquement avec autant de succès et d'énergie qu'ils

---

(1) 4 volumes chez Amyot, éditeur, 8, rue de la Paix.

(2) M. Rossi.

(3) Circulaire de lord Castlereagh aux diverses légations anglaises. — 19 Janvier 1821.

avaient commencé à le faire, à Troppau, à Leybach, à Vérone,
les Manuels de la diplomatie auraient établi, comme règles du
droit des gens, que les gouvernements se garantissent mutuelle-
ment leurs formes et leur organisation intérieure, que les peuples
n'ont jamais raison contre le pouvoir établi, que toute révolution
n'est qu'une coupable révolte, et que les grandes puissances ont
reçu d'en haut le droit d'inspection et de censure sur les États
secondaires. — Plus loin, M. Rossi ajoute : « La France n'a pas
seulement déconcerté plus d'un diplomate ; elle a aussi troublé la
douce *quiétude de ces publicistes obséquieux qui, empressés* de mettre la science au service de tous les faits accomplis, n'aiment pas
l'embarras des faits contradictoires et la nécessité d'opter entre
des politiques contraires. » — Nous livrons ces remarques aux
méditations des défenseurs *quand même* des traités de 1815.

Ce que l'Autriche a fait alors dans un but de conquête et de
cupidité, — la France n'a-t-elle pas le droit de le faire à son tour
dans un but de pacification et d'humanité ? « Exercer ainsi, soit
dans son intérêt, soit dans l'intérêt de la justice, de la morale,
de la probité publique, une influence indirecte sur l'existence,
sur l'affermissement des gouvernements nouveaux, ce n'est point
intervenir ; ce n'est point faire violence aux vœux d'une nation
étrangère, c'est simplement lui témoigner qu'on prend ou qu'on
ne prend pas intérêt à ce qu'il lui a plu de faire ou de choisir en
toute liberté. C'est un droit auquel aucun gouvernement ne peut
renoncer ; tandis qu'il ne saurait, en revanche, sans violer les
principes les plus sacrés du droit public, employer la force pour
détruire chez un peuple indépendant l'ouvrage, quel qu'il soit, de
la volonté nationale, ainsi que l'a fait l'Autriche (toujours elle !)
en 1820, à l'égard du royaume de Naples (1). »

Que la France, dans l'intérêt de la justice, de la morale, de la
probité publique, rende à l'Italie le royaume Lombardo-Vénitien ;
et l'Europe entière, l'Allemagne comprise, loin de se coaliser
contre nous, approuvera cette œuvre de délivrance, qui serait en

(1) Rossi, *Revue française,* tome VII.

même temps un acte de haute politique, — la seule digne de la France. De l'aveu des esprits les plus sérieux, cet acte de justice aurait pour résultat d'assurer le repos de l'Europe, sans cesse troublé par la question italienne.

« Notre opinion a toujours été que, malgré ses dangers, une politique grande et généreuse convenait seule à notre patrie, car l'honneur est le guide le plus sûr (1)». Est-ce qu'il n'y a pas, en effet, autre chose à consulter que les intérêts matériels dans la direction à donner à la politique d'un pays, surtout quand ces intérêts matériels ne peuvent subir qu'un dommage passager et, en définitive, presque insignifiant. N'avait-on pas fait valoir exactement les mêmes craintes à la veille de la guerre de Crimée, et ne s'est-on pas convaincu depuis que non-seulement ces craintes avaient été chimériques, mais encore que jamais le commerce et l'industrie n'avaient été aussi florissants, en France, qu'à l'époque où nos troupes combattaient au loin pour la défense d'une autre nation opprimée. A coup sûr, ce n'est ni Marseille, ni le Havre, ni Nantes, ni Bordeaux qui nieront cet état de grande prospérité des affaires commerciales, alors cependant qu'une grande puissance nous avait fermé ses ports. Ne sacrifions donc pas aux terreurs imaginaires, aux considérations de l'égoïsme et de la peur le rang de la France à l'étranger. L'avenir des trois ou quatre mille personnes qui jouent à la hausse ou à la baisse, à la Bourse, est intéressant, sans doute, mais pas plus cependant que l'avenir de notre pays tout entier, intéressé à l'indépendance d'une nation condamnée au plus rude des esclavages. En demandant cela, nous mettons l'esprit de parti de côté; il n'y a en nous d'autre arrière-pensée que celle de la grandeur de la France; elle ne doit point laisser substituer les us et coutumes de la barbarie aux franchises du droit des gens. Quand la diplomatie aura épuisé tous les moyens conciliants, quand elle aura fait entendre dans les conseils de l'Europe ses justes réclamations, à propos de la situation anormale de l'Italie sur laquelle le comte Waleswski et lord

(1) Œuvres de Napoléon III.

Clarendon appelaient déjà au sein du congrès de Paris la sollicitude et l'attention des plénipotentiaires réunis pour régler les conditions de la paix, — alors, mais seulement alors, la France devra en appeler au sort des armes. Ce moment approche ; — quand il sera venu, nous croyons que la France, qui ne marchande pas son épée, comme le ferait un soldat aventurier, aura acquis le droit d'imposer à l'Autriche, le *lendemain d'une victoire*, ce que la France n'a pu obtenir malgré tous ses efforts pacifiques à la *veille d'une lutte*. Dans les circonstances actuelles, la paix maintenue en Europe sans l'affranchissement de l'Italie, c'est l'humiliation de la France, le triomphe de l'Autriche, la révolution dans la Péninsule et par suite une conflagration générale. La paix maintenant, donnerait au cabinet de Vienne le temps de se créer de nouvelles alliances, et qui sait, peut-être aussi celui d'organiser contre notre pays une seconde coalition que nous repousserions, nous en avons l'espoir, mais au prix de combien de sang et de quels sacrifices ?

C'est alors que les défenseurs de la paix sans conditions, regretteraient, mais trop tard, la pusillanimité qu'ils témoignent aujourd'hui à la seule pensée d'une guerre circonscrite. Ne vaut-il pas mieux livrer une ou deux batailles avec le concours des Italiens, dans les plaines de la Lombardie, et rejeter les Autrichiens au delà de leur dernière ligne de défense, c'est-à-dire au delà du Tyrol et des Alpes de la Carinthie, que de s'exposer, en abandonnant honteusement un peuple opprimé, à subir plus tard les chances d'une lutte européenne, d'autant plus meurtrière qu'elle aura été plus retardée ! Renonçons donc à la paix momentanée, qui nous amènerait, inévitablement, la guerre générale, et faisons la guerre immédiate qui nous assurera une paix durable avec tous ses avantages et ses bienfaits. Entre deux maux il faut choisir le moindre.

Après avoir entendu la déclaration solennelle qui sert d'épigraphe à cette brochure : « L'intérêt de la France est partout où il y a une cause juste et civilisatrice à faire prévaloir, » nous ne voyons pas comment les adversaires de la guerre peuvent espérer encore qu'on abandonnera la question ainsi posée de l'affranchissement italien, au bon vouloir des deux cent mille hommes que l'Autriche masse silencieusement autour des places fortes de la Vénétie et de la Lombardie. Si jamais un droit saint a invoqué un devoir pressant, c'est celui de ces malheureuses populations que des soldats étrangers gouvernent au mépris de toutes les lois divines et humaines.

« Quand une nation épuisée, prête pour la liberté, tend la main à la France, la France a le droit et le devoir de la secourir par la voie des négociations d'abord, et, à défaut de celle-ci, par la voie des armes. Il n'y a pas d'utopie, de prétextes, d'arguments qui puissent prévaloir contre cette vérité essentielle et incontestable. » Ces réflexions d'un éloquent écrivain, M. Louis Jourdan, nous remettent en mémoire l'*appel à la France*, adressé par Tommaseo, lorsque, à la fin de la lutte héroïque soutenue par Venise, le poëte religieux de l'Italie disait, en demandant l'appui de nos armes :

« Je ne parlerai pas des espérances d'utilité matérielle qui pourraient engager la France ; je rougirais de rétrécir et d'abaisser la question en lui ôtant cette grandeur qui fait son importance à mes yeux. C'est dans une seule considération que je la résume. La France a, dans ce moment, le droit de nous aider par les moyens les plus efficaces, parce qu'elle en a le devoir : ce devoir découle non pas de tel ou tel mot, prononcé par tel ministre ou tel député ; c'est la grandeur même de cette nation qui le lui impose ; elle ne saurait l'abjurer sans se renier elle-même. Elle n'a rien promis à l'Italie ; mais elle s'est engagée par devers soi à être toujours la France, à toujours jouer ce rôle dont la Grèce et la Belgique ont tant à se louer, ce rôle qui n'est terrible que pour les principes malfaisants et les pouvoirs en ruine.

« Les motifs généreux sont toujours de bon augure : jamais à la longue on ne s'est repenti d'avoir fait une noble chose. Mais quand *le moment approche, il faut être prêt à le saisir ; car c'est dans le retard que gît vraiment le danger*. Après le moment passé, ce qui était un moyen devient un obstacle ; ce que tout le monde aurait honoré comme un sacrifice ne paraît plus qu'un calcul. Les petits moyens ne sauraient donner que des résultats mesquins ; et la crainte de la perte est souvent des pertes la moins réparable. La France n'a rien à craindre, si ce n'est sa crainte même, qui, se manifestant dans les paroles et dans les réticences, rendrait l'ennemi de plus en plus arrogant. Si elle se fût lancée au dehors, non pas pour redresser tous les torts et pour menacer toute force injuste, mais pour mettre une parole de médiation puissante entre les opprimés et les oppresseurs, peut-être que ses discordes intérieures n'auraient pas éclaté : l'enthousiasme aurait tué la passion, la bienveillance aurait dompté la haine. Toute nation, mais notamment la France, veut être enivrée de gloire ou de sacrifice ; et même dans les temps de cupidité et de corruption, il reste toujours dans la nature humaine un fonds de générosité qu'il faut savoir mettre à profit. La charrue qui ne remue pas le sol ne saurait le féconder ; on le dira épuisé, et il ne sera qu'inactif. Or, l'inaction n'est pas faite pour la France ; la France veut gagner sa journée à la sueur de son front, ou bien au prix de son sang. La crainte du déshonneur est sa véritable agonie.

En l'engageant à un acte d'humanité, nous ne lui promettons aucun prix ; Dieu est là pour le lui assurer : seulement, nous lui garantissons qu'elle n'y perdra rien. Elle aura pour elle tous les petits États et tous les grands peuples ; elle aura l'avenir et la conscience du genre humain. Si la France insiste, l'Angleterre se rangera de son côté, et ne lui fera pas la guerre pour recueillir l'héritage de gloire de M. de Metternich. »

La cause que Tommaseo plaidait alors en ces termes, que le vénérable archevêque de Paris vint aussi défendre après lui, la déclarant « *si juste et si sainte* » était celle de la république de Venise qui, au nom de son bon droit et de ses quatorze siècles d'indépendance, luttait depuis dix-huit mois contre les armées de Radetzki. — Aujourd'hui, la cause que nous soutenons est toujours la même, seulement elle s'étend à toute l'Italie retombée, faute de l'appui de la France, sous le joug autrichien.

Il y a dix ans de cela et maintenant, comme alors, cette question se représente avec son cortége de droits, de souffrances, du côté de l'Italie ; d'iniquités, de tortures, du côté de l'Autriche ! Que la France de 1859, éclairée par l'exemple du passé, ne commette pas la même faute que la France de 1848, et qu'elle ne laisse pas noyer dans le sang italien le principe de la souveraineté nationale.

Si la Péninsule, ennoblie encore par son martyr, a été plus qu'une sœur, une mère pour les autres peuples, comme vous le dites, eh bien, conduisez-vous en braves fils, — arrachez-là des mains de ses persécuteurs, ne souffrez pas qu'une nouvelle insulte soit imprimée au front de cette mère par le sabre d'un croate. Faites en sorte que l'Italie ne subisse point à l'avenir les railleries de ce pouvoir cruel, trop disposé à imiter la conduite du bourreau soufflettant le pâle visage décapité de Charlotte Corday. La nécessité de l'affranchissement italien nous paraît être la conséquence naturelle de la supériorité du droit sur la force. S'il est démontré, ainsi que le dit M. de la Guéronnière, que « la situation des États italiens soit non-seulement une cause de souffrance pour ce pays, mais encore une cause d'inquiétude, de malaise, et peut-être de révolution pour l'Europe, la lettre des traités serait vainement invoquée : elle ne pourrait pas tenir contre la nécessité de la politique et de l'intérêt européen. »

Dans l'hypothèse plus que probable du refus de l'Autriche de réviser ces traités, quelle sera la politique de la France ? Retirera-t-elle sa parole engagée ? Abandonnera-t-elle l'Italie à la domination étrangère, en se contentant de former des vœux pour sa délivrance, comme, durant les dix-huit années du règne de Louis-Philippe, on en forma pour la Pologne dans les adresses de la Chambre des députés au roi ? Le temps des vœux, Dieu merci, est passé ! Ils ont, en politique, à peu près la valeur des souhaits de bonne année dans les relations de la vie privée ; on les dit sans les comprendre et on les reçoit sans les entendre. Le lendemain du jour où ils ont été adressés personne n'y pense plus. Puis se contenter de faire des vœux pour un peuple livré à la merci de la force-armée, en vérité, cela devient dérisoire, et la dérision n'est pas permise en face de gens que l'on torture. L'auteur de la brochure intitulée *Napoléon III et l'Italie,* net et ferme quand il expose les préliminaires de la question italienne, très-éloquent même quand il énonce les souffrances, les intérêts et les droits de la Péninsule, devient plus timide au fur et à mesure qu'il approche de la conclusion. Il semble qu'au milieu des difficultés qui l'environnent il n'ose pas dire tout ce qu'il pense. M. de la Guéronnière affirme bien que lorsque Napoléon Ier créa un royaume d'Italie, « il obéissait à une pensée plus haute qu'une ambition dynastique ; il concentrait sous sa main puissante les agglomérations éparses pour en faire sortir une nationalité forte et virile ; il songeait moins à fonder un royaume qu'à régénérer un peuple. ». Et, là-dessus, l'auteur de la brochure désignée appelle au secours de son argumentation, un peu faible selon nous, diverses citations extraites des Œuvres de Napoléon III, entre autres la réponse officielle que fit l'Empereur, en 1808, à M. Melzi, chef de la députation chargée de lui apporter la couronne d'Italie. Il y a longtemps que nous avions lu cette réponse, assez claire, en effet, et très-libérale. Elle serait aussi pour nous, comme pour M. de la Guéronnière, *un trait de lumière* dans l'appréciation rétrospective de cette question historique, sans l'ombre projetée par le traité de Campo-Formio. Mais ceci n'est qu'une divergence d'opinion qui appartient au passé. Le présent nous intéresse beaucoup plus, et, nous sommes heureux de le dire, nous inquiète beaucoup moins pour l'indépendance de la Péninsule. A chaque page, l'auteur de la brochure déclare que le rôle de la France doit être tout désintéressé. « Personne ne pourrait ramasser aujourd'hui, dit-il, la couronne de fer tombée du front de Napoléon ; elle serait aussi lourde à porter que difficile à conquérir. Il s'agit, d'ailleurs, de rassurer l'Europe en pacifiant l'Italie, et non de fomenter une guerre de succession. »

Puis arrive naturellement sous la plume brillante de l'écrivain que nous suivons volontiers, le plan non pas de l'*unité absolue,* mais de l'union fédérative italienne. — M. de la Guéronnière a raison, l'unité absolue est un rêve, et l'union fédérative peut devenir, au contraire, l'ancre de salut de la Péninsule. « Cette idée d'union se présente, dit-il, comme l'expression d'un besoin commun à tous les États italiens ; elle est pour eux tous une tradition et une solution. Sa démonstration se développe ensuite peu à peu dans un enchaînement d'idées remarquable. Il n'en pouvait être autrement avec un homme rompu comme M. de la Guéronnière, à la science qui fait le véritable écrivain politique. Personne, mieux que lui ne possède l'art de bien dire les choses délicates, et de traiter les questions difficiles. Cependant, si grand que soit ce don, il ne saurait faire passer une proposition impossible. L'idée de la Confédération des États italiens n'est pas nouvelle. M. Guizot déjà en avait fait la condition essentielle de son programme politique dans la Péninsule, et MM. Rossi à Rome, de la Rochefoucauld à Florence, de Montebello à Naples, agirent dans le sens de cette union, que l'on jugeait avec raison favorable à l'émancipation nationale de toute l'Italie. Un moment l'on put croire, même aussitôt après l'exaltation de Pie IX, que Mastaï Ferretti en montant sur le trône pontifical, les *réformes* d'une main et l'amnistie de l'autre, allait inaugurer une ère nouvelle et rendre l'Italie à ses antiques libertés. Certes il pouvait prétendre à ce rôle magnifique, celui qui, à la mort de Grégoire XVI, vint apporter à la Péninsule épuisée des paroles de paix et d'amour. — Pie IX que les Romains enthousiasmés saluaient de ce beau nom *Padre del popolo*, Pie IX auquel de la tribune française, un grand orateur, qui est en même temps un grand historien, M. Thiers, criait : « Courage, Saint-Père, le monde entier applaudit à vos efforts ! » Et en effet, d'unanimes témoignages de sympathie partis de l'Angleterre, de l'Allemagne, de la Russie, et jusque des rives du Bosphore, arrivaient chaque jour et apportaient, comme un pur encens, l'admiration respectueuse de toutes les nations de l'univers aux pieds de ce nouveau Grégoire VII. A l'exemple du Christ, du divin maître, qui fit sortir Lazare de son tombeau, Pie IX ressuscitait l'Italie.

Hélas ! pourquoi faut-il que toutes ces belles espérances aient été déçues en un jour, que toutes ces ardentes sympathies aient été détruites une à une et que le Pape, si libéral, si italien alors, se soit tout à coup jeté dans les bras de l'Autriche et, prisonnier dans Rome, en soit réduit aujourd'hui à demander aux soldats étrangers le maintien de son pouvoir temporel. Nous laisserons à M. de la Guéronnière le soin d'expliquer cette subite transformation. Et après la lui avoir signalée, nous lui demanderons s'il ne voit pas un grand danger, sinon une impossibilité absolue à faire du Pape, comme il le propose, le Chef suprême ou le Président de la confédération italienne. Au surplus, l'auteur de la brochure intitulée : *Napoléon III et l'Italie*, semble le prévoir lui-même lorsqu'il dit : « Le point le plus délicat, c'est Rome, à cause du caractère mixte de ce pouvoir, où le spirituel et le temporel sont confondus. » — Nous aussi un moment nous avions rêvé ce beau rôle pour la Papauté (1); mais est-il possible à présent? Non, mille fois non. — L'expérience démontre surabondamment que ce double caractère du pouvoir temporel et du pouvoir spirituel dont le Pape est revêtu, le rend à jamais impropre à tout gouvernement, même au sien, que vous êtes obligé de soutenir de vos soldats en face de l'armée autrichienne. Et c'est cet homme « embarrassé par le lien trop étroit qui *unit le prince au pontife*, » que vous prétendez placer à la tête des États-Unis de l'Italie libre.—Mais vous n'y songez pas! La Papauté, par tendance et par instinct de puissance religieuse penchera toujours du côté de l'Autriche, qui représente l'absolutisme, et non du côté de la France, parce que la France représente, au contraire, les idées démocratiques : nous sommes forcés de reconnaître qu'en agissant ainsi la Papauté n'aura pas tort et qu'elle servira mieux les intérêts du catholicisme comme elle l'entend, lorsqu'elle demandera l'appui des armées de l'Autriche, qu'en demandant l'appui des armées de la France, qui introduisent partout à leur suite les idées de progrès que la politique pontificale s'efforce de repousser. A ce point de vue,

---

(1) Voir les *Vicissitudes politiques de l'Italie dans ses rapports avec la France*. Amyot, éditeur, 8, rue de la Paix.

2

le chef de l'Église peut vivre sans crainte au milieu des troupes autrichiennes, il n'y a pas de danger que celles-là montent jamais les têtes romaines et exercent sur la population une influence. Le caractère autrichien est si profondément antipathique à la race italienne, que d'une extrémité à l'autre de la Péninsule, on ne rencontrerait pas une ville, pas un village, pas une commune, qui, de son plein gré, consentît à recevoir un soldat impérial.

Depuis le premier jour de l'occupation militaire de l'Italie jusqu'à l'heure où nous écrivons ces lignes, l'armée autrichienne n'a pas su gagner une seule sympathie au delà des Alpes. — A Rome, pour l'armée française, c'est le contraire qui a lieu, elle inspire à tous les meilleurs sentiments. La proposition faite d'appeler le Pape à la présidence d'une ligue italienne dont la ville sainte serait le centre, est une proposition inadmissible. Que l'auteur de la brochure *Napoléon III et l'Italie* veuille bien se souvenir des luttes de la cour de Rome avec la Toscane et la Sardaigne, à propos des biens de main-morte d'une part et de la validité des mariages civils de l'autre. A l'exception de la cour de Naples avec laquelle la France et l'Angleterre ont dû suspendre toutes relations diplomatiques, ce qui, par parenthèse, ne corrige guère le roi Ferdinand, il n'y a pas un État italien qui n'ait eu des difficultés avec le gouvernement du Pape, même le duché de Modène ! Et cela s'explique; Rome veut gouverner, non avec le droit commun mais avec le droit canon. Or, vous en convenez vous-même, il y a antagonisme entre ces deux législations, l'une, le droit canon, « inflexible comme le dogme, immobile au milieu du mouvement des siècles est essentiellement distinct du droit légal, variable selon les besoins et les intérêts de la société; — il a pu s'adapter aux premiers temps de la civilisation chrétienne, lorsque Charlemagne transportait dans ses capitulaires les règles et les préceptes de la théocratie; mais le droit canon ne saurait suffire à la protection et au développement de la société moderne. » Vous déclarez que vous reconnaissez ces insurmontables obstacles, puis, quelques pages plus loin, vous n'hésitez pas à placer comme couronnement de votre plan de pacification de l'Italie, la tiare

d'un pape, président de la Confédération, à la fois chef temporel et spirituel dans Rome : pourtant il n'y pourrait demeurer sans l'appui des troupes étrangères, le discours de Napoléon III aux Chambres le constate.

C'est ce pouvoir (nous ne parlons pas de l'homme, bien entendu, il est digne de tous les respects) c'est ce pouvoir papal incapable et impuissant dans ses propres États que vous voulez imposer au reste de l'Italie. Ce n'est point quand le successeur de celui qui a dit : Mon royaume n'est pas de ce monde, s'unit aux oppresseurs de la Péninsule, et sollicite contre les peuples le secours des soldats autrichiens, quand il approuve dans Naples une politique que la France et l'Angleterre ont publiquement et officiellement condamnée, qu'il est temps d'aller lui offrir une nouvelle souveraineté : elle sera nominale ou réelle. Si elle est purement nominale, elle est inutile; si elle est réelle, nous croyons avoir démontré combien elle serait dangereuse pour l'avenir de l'Italie que vous cherchez à assurer.

D'ailleurs, le Pape est déjà gêné par ses doubles fonctions, et voilà que vous voulez lui en donner une troisième. Attendez-donc, avant de le faire, qu'il s'accommode des deux premières. Enfin, qui vous dit même que Pie IX et ses successeurs accepteraient cette haute magistrature possible seulement au moyen âge, quand César et saint Pierre, c'est-à-dire l'Empereur et le Pape, personnifiaient les deux grandes figures du monde politique ? L'esprit du temps s'y oppose ; il y avait antagonisme autrefois : aujourd'hui, il y aurait accord parfait, au contraire, entre ces deux pouvoirs, et la France, en dernière analyse, perdrait en influence ce que l'Autriche gagnerait à cette combinaison, et la pauvre Italie payerait encore une fois les frais de cette tentative infructueuse. Ah! lorsqu'au moyen âge la destinée des peuples européens était encore vague et incertaine, il eût été facile peut-être au Pape, à l'aide de son prestige religieux, de se mettre à la tête du mouvement civilisateur qui s'opérait. — Alors la Papauté représentait l'idée morale, le principe de l'affranchissement des peuples, et, du haut des sept collines de

Rome, elle prêchait au monde la loi de l'Évangile, loi toute d'amour, de fraternité, de civilisation. L'autre puissance, celle de l'Empereur, représentait, au contraire, le despotisme ; elle enseignait le droit du plus fort : c'était la barbarie païenne et germanique disciplinée, arrivée à sa plus haute expression. — Ces deux noms, le Pape et l'Empereur, étaient l'un à Rome la personnification historique du monde nouveau, avec ses instincts généreux, son amour du progrès et du perfectionnement social et politique ; l'autre à Vienne, la personnification d'une société usée, vieillie avant l'âge, en proie à tous les vices, et ne se soutenant déjà que par la force matérielle.

L'issue de la lutte, si elle s'était plus sérieusement engagée dans ces conditions, n'aurait pu être douteuse puisque l'Italie, sous l'individualité du successeur de saint Pierre, était en possession de l'idée, tandis que l'Allemagne , avec l'épée de César. n'avait pour elle que le droit brutal. A ce moment décisif, la Papauté, en face du chaos universel, était l'unique représentant sur la terre du principe libéral ; elle était le champion sacré de l'émancipation intellectuelle de l'avenir, — tandis que l'Empire, par une résistance violente aux besoins de la raison humaine, n'accomplissait qu'une œuvre stérile et ingrate.

Comment se fait-il que les rôles si opposés alors de l'Empire et de la Papauté aient été, sinon intervertis, du moins confondus depuis dans une action commune dirigée vers le même but? Pourquoi faut-il que la Papauté, civilisatrice à son origine, n'ait pas soutenu plus longtemps sa noble lutte contre l'élément rival et grossier qu'elle aurait dompté en ce temps-là, et qui l'anéantira peut-être plus tard, sous prétexte de la sauver. Cela tient à deux causes : La première est indiquée par M. Guizot, avec une grande autorité de logique, dans son *Histoire de la civilisation*, c'est que les papes, s'ils luttèrent contre la cruauté et la barbarie des mœurs païennes , n'osèrent pas alors dépasser les limites de l'ordre spirituel et attaquer le vieux principe de servitude du droit impérial dans sa base qui était la puissance temporelle. La seconde cause, plus décisive encore, selon nous, que la première, existe dans l'abandon où la nation italienne, divisée par des haines et des guerres de partis, laissait la Papauté. Celle-ci manquant, à l'heure suprême, du point d'appui indispensable qu'elle ne pouvait trouver que dans l'union nationale, abandonna bientôt ses idées de progrès et d'émancipation qui auraient pu assurer à Rome la suprématie politique. Ainsi se trouva anéanti le vaste plan de Grégoire VII, de ce grand pontife dont Napoléon, dans l'éclat de sa gloire, enviait le génie. Depuis Grégoire VII, quelques-uns des chefs de l'Église ont soutenu de loin en loin l'indépendance italienne ; mais ce furent des voix généreuses qui se perdirent bientôt dans les menées d'une politique imprévoyante ; car l'Église, après s'être montrée favorable à la liberté, l'abandonna au pouvoir impérial.

La Papauté abdiquait ainsi à jamais, sans s'en douter peut-être, ses titres légitimes à la prépondérance morale dans le monde, et, par une alliance dans laquelle elle espérait puiser des forces nouvelles, elle sacrifiait le principe d'indépendance nationale, qui était à lui seul la condition de sa vie et de ses triomphes. Voilà comment la Papauté, en s'unissant à l'Empire, prépara les voies à la domination autrichienne en Italie.

L'histoire serait-elle, comme l'a dit M. de Maistre dans un moment de mauvaise humeur sans doute, une conspiration permanente contre la vérité, cette conspiration ne parviendrait pas à nous cacher l'acte impolitique qui livra la Péninsule au joug impérial,

La gloire de Grégoire VII, d'Alexandre III, de ce pontife qui contraignit Henri II, roi d'Angleterre, à demander pardon à Dieu et aux hommes du meurtre de Thomas Becket, celle de Léon IV défendant Rome avec tant de patriotisme contre l'armée musulmane, tous ces beaux exemples tenteraient encore aujourd'hui le cœur de Pie IX, que nous ne verrions pas là une raison suffisante pour lui confier, comme M.' de la Guéronnière en a l'idée, les destinées de l'Italie. « La préséance du Pape, dit-il, résulte de son titre de pontife ; il représente la souveraineté éternelle de Dieu, et ce caractère auguste permet aux plus grands rois de s'incliner devant lui : — ce n'est pas un maître, c'est un père. » Soit ! mais il faut avouer qu'en ce moment la tendresse de ce père ne se manifeste guère à l'égard de ses enfants, puisque deux armées étrangères sont uniquement occupées à maintenir la paix dans l'intérieur de cette grande famille. Quant à la préséance du Pape, personne ne songe à la mettre en doute ; toutefois, il ne faut pas confondre une question d'étiquette avec une question d'intérêt national. Il est d'usage, dans les relations diplomatiques, de céder partout le pas au nonce apostolique, même quand celui-ci est le dernier plénipotentiaire accrédité auprès d'une cour ; mais ce n'est là, en résumé, qu'une affaire de déférence pour le caractère religieux du représentant du Pape, et il ne serait pas juste d'en conclure que si on le fait passer le premier dans le cabinet d'un ministre ou d'un souverain, on reconnaisse pour cela une autorité supérieure à son langage politique.

Au point de vue des convenances sociales, nul ne contestera, en effet, le respect dû au chef spirituel de l'Église ; mais il serait imprudent d'en exagérer les conséquences. L'Italie est une nation catholique, c'est vrai ; que le Pape reste le souverain religieux de tous les croyants, qu'il règne sur leurs consciences rien de plus légitime si cela leur convient. Seulement ne cherchez pas à l'investir d'une sorte de protectorat politique sur toute la Péninsule ; vous avez beau déclarer qu'il serait « le chef irresponsable et vénéré d'une confédération de vingt-six millions de chrétiens, » il ne peut pas, il ne doit pas y avoir de chef *irresponsable*; qui dit chef, dit souverain ; qui est souverain, commande, ordonne, dirige, administre, et vous voulez qu'un homme exerçant tous ces pouvoirs soit irresponsable ? votre prétention est inadmissible. En politique comme en droit, l'homme irresponsable est celui qui ne peut rien faire. — Or, si le président des États-Unis de l'Italie en est là, pourquoi le nommer ? De deux choses l'une : ou le président aura une influence réelle, considérable, déterminée, ou il ne sera qu'un personnage insignifiant destiné à figurer dans les fêtes et les cérémonies publiques. Alors dans la première hypothèse, il ne saurait être *irresponsable*, puisqu'il

déciderait de tout en dernier ressort; dans la seconde hypothèse il serait inutile, embarrassant et compromettrait même la
majesté du sacerdoce. La part que fait au Pape l'écrivain que
nous combattons ici est donc loin d'être belle ainsi qu'il le sup-
pose dans son avant-dernier chapitre. Celle des autres États de la
Péninsule laisserait encore plus à regretter si la combinaison pro-
posée réussissait. La Sardaigne verrait bientôt ses hommes d'État,
ses publicistes, ses orateurs, sa vaillante armée, ses institutions
et ses lois libérales mis à l'index, tous les patriotiques efforts du
roi et de son premier ministre, M. de Cavour, combattus ou annu-
lés, la politique oppressive des gouvernements de Naples et de
Modène gagnerait seule quelque chose à avoir le Pape comme
président de la confédération italienne; mais ni Florence, ni
Parme, ni Venise, ni Milan, ni Gênes, ni Turin nè trouveraient un
appui à Rome dans la suprématie présidentielle du clergé, gou-
vernant sous le nom du souverain pontife. Alors on reviendrait à
ces puériles théories du souverain qui règne et ne gouverne pas !
Et franchement ces subtilités politiques ne sont plus de saison.
Ceci mènerait tout droit l'Italie aux guerres de religion. Qu'on y
prenne garde, la chose vaut la peine d'être examinée. Il a fallu
une révolution pour affranchir la France du joug des préjugés,
pour nous amener à placer sous la garantie de la loi civile la
liberté de conscience, à proclamer la liberté des cultes et l'égalité
politique; et vous voulez faire passer la Péninsule du joug autrichien sous le joug clérical, et cela à l'heure même où le gouvernement français sollicite en vain la sécularisation de l'administra-
tion romaine. Quelle imprudence !

L'idée principale de la brochure est bonne, juste et généreuse,
pourquoi la compromettre, la détruire même, en proposant aux
États italiens confédérés un président; ils n'en ont nul besoin !
cette nomination qui reviendrait plus naturellement à la Sardaigne,
personne n'en veut dans la Péninsule, chacun sent qu'elle y serait un danger, une cause de ruine peut-être pour l'avenir.

Que la France, qui a courageusement entrepris de résoudre la
question italienne, ne vienne pas augmenter ses difficultés par la

présentation intempestive et superflue d'un président aux États-Unis de l'Italie libre. Ces États confédérés sauront bien plus tard nommer eux-mêmes à la diète italienne un chef, si ce choix leur paraît nécessaire et compatible avec les intérêts généraux du pays.

« Le pacte italien de 1848, auquel avaient adhéré tous les gouvernements de la Péninsule, reposait comme le pacte germanique sur ce double principe facile à organiser et à concilier même avec des formes diverses de gouvernement : solidarité de tous les États confédérés dans la défense intérieure et extérieure ; indépendance de chacun d'eux dans l'exercice de leur souveraineté particulière (1). » Ce projet est le seul qui puisse réunir en un faisceau les éléments disparates de l'organisation fractionnée de l'Italie. Toute autre combinaison n'aboutirait qu'au chaos ou au triomphe de la domination autrichienne. Tenons-nous-en donc là. La France ne veut pas s'immiscer dans les affaires intérieures des peuples qu'elle vient secourir. — Elle ne doit rien leur imposer. Elle n'a d'autre désir que celui de suivre au delà des Alpes sa politique traditionnelle en ne permettant pas que ces montagnes, « qui sont pour elle un rempart, deviennent une forteresse armée contre sa puissance. »

Aujourd'hui que l'on sait que l'Allemagne « n'a rien à craindre de nous sur le Rhin,» que la question de l'affranchissement italien est la seule cause de l'antagonisme de la France et de l'Autriche, cette dernière puissance ne trouvera aucun appui auprès de la Confédération germanique. Les hommes les plus distingués de l'Allemagne conviennent eux-mêmes que la situation faite à la Lombardie et à la Vénétie est devenue intolérable, et ce ne sont pas les sages avertissements qui ont manqué à la diplomatie autrichienne ! De Berlin, de Munich, de Dresde, de Francfort, des amis de l'Autriche ont adressé à la presse de Vienne des exhortations amicales, afin de l'engager à renoncer à sa politique oppressive dans la Péninsule. L'archiduc Maximilien lui-même, deman-

_____________

(1) *Napoléon III et l'Italie.*

dant de Milan, où on l'a envoyé, des adoucissements pour les malheureuses populations qu'il voudrait épargner, n'est pas écouté.
Nous ne croyons pas au retour des esprits, et cependant il nous
semble que l'ombre de M. de Metternich plane encore sur les
décisions de l'Autriche et la pousse toujours plus avant dans la
voie fatale où le sinistre trio de ses maréchaux d'Aspre, Haynau
et Radetzki l'avait naguère engagée.

En face de cette résistance inébranlable de la politique tudes-
que, que doit faire la France, intéressée à soutenir la cause de
l'indépendance italienne ? Deux choses : Poser à l'Autriche un ul-
timatum contenant : 1° L'abandon complet des provinces italiennes qu'elle occupe aujourd'hui, aux conditions proposées par
le cabinet de Vienne lui-même, en 1848; 2° la reconnaissance
officielle de l'indépendance du royaume lombardo-vénitien, c'est-
à-dire la substitution d'un gouvernement national à la domination
étrangère (1).

Ce rôle-là serait un rôle autrement glorieux pour la France et
autrement utile à ses véritables intérêts, à sa grandeur, que celui
auquel les partisans de la paix à tout prix veulent la condamner.
Parmi ces derniers, nous avons été péniblement surpris de voir
figurer un écrivain qui, pendant quinze ans, avait soutenu de sa
plume vaillante le drapeau de l'indépendance italienne, un homme
que nous avions toujours rencontré au premier rang des défenseurs
de la liberté, sous quelque forme que ce fût, M. Émile de Girardin, enfin, qui, aujourd'hui, dans une brochure intitulée *la Guerre*,
conclut en faveur de la paix.

« Qu'on ne se laisse point abuser, dit-il, par la grandeur exa-
gérée du mot : nationalité. » M. de Girardin se trompe, ce n'est
pas le mot qui est grand, c'est l'idée qu'il contient, et lorsque l'ex-
rédacteur en chef de *la Presse* ajoute que ce mot, ramené à son
sens vrai, n'est qu'une des acceptions du mot : Force, — il s'abuse

(1) Cette révision de l'article 93 de l'acte principal des traités de 1815 est la seule
qui soit admise aujourd'hui par tous les esprits pratiques. On consultera avec fruit
sur cette question un substantiel travail de M. Charles de Mazade, dans la *Revue
des deux mondes*, 1ᵉʳ janvier 1859.

encore. — Le mot nationalité n'est, au contraire, qu'une des acceptions du mot : Droit, — ce qui s'éloigne un peu, on en conviendra, de la définition de M. Émile de Girardin. Nous renverrons donc l'éminent publiciste aux jours de ses inspirations meilleures. « Les nationalités sont la forme la plus accomplie de la « vie des races, dit un illustre historien, de même que l'unité so- « ciale et politique est la forme la plus accomplie de la vie des « nationalités. Chaque nationalité remplit une fonction essentielle « dans la vie de l'humanité. Si les nationalités pouvaient dispa- « raître, l'humanité, dépouillée de ses organes nécessaires, ren- « trerait, non pas dans l'unité, mais dans le chaos (1). »

Que M. de Girardin veuille bien méditer ce passage, et qu'il nous permette d'espérer que, à l'avenir, il traitera mieux le droit des nationalités. — En attendant, le célèbre publiciste veut bien l'avouer, « il n'est pas vrai de dire qu'il n'y ait point pour l'Autriche d'autre moyen de conserver l'Italie qu'en fouettant les femmes, fusillant les hommes et écrasant d'impôts les populations. Si cela était vrai pour l'Italie, cela serait vrai pour la Hongrie, à la délivrance de laquelle il nous faudrait donc aussi courir.» Que M. de Girardin se rassure, on ne lui demande pas d'aller si loin! Il a fait récemment, assez volontiers nous le croyons, un voyage en Italie ; c'est là que nous voudrions qu'il retournât, afin qu'il pût se convaincre, en les étudiant de plus près, des souffrances de cette nation. M. de Girardin ajoute : «Puisqu'il s'est rencontré à Turin un grand ministre, est-il donc impossible qu'un jour il s'en rencontre également un à Vienne, qui *finisse* par comprendre l'avantage qu'il y aurait à faire oublier l'indépendance par la liberté et la conquête par l'annexion. »

Finisse est joli ! et il faut avouer que si la patience de M. de Girardin est devenue longue, celle des Milanais et des Vénitiens a le droit d'être plus courte. Quoi! voici des populations que l'on fouette, que l'on fusille, que l'on écrase d'impôts, vous en convenez vous-même, et à des populations ainsi traitées vous offrez

(1) Henri Martin.

comme soulagement *l'espérance* d'un miracle, c'est-à-dire la possibilité qu'il naisse un jour dans Vienne un ministre à la hauteur du comte de Cavour. Mais, en admettant cela même, il faut attendre encore quarante ans, au moins, pour que dans les meilleures conditions, un homme supérieur puisse acquérir dans les conseils de son pays une influence suffisante pour être écouté. Or, quarante ans d'attente, d'incertitudes pour des populations épuisées de sacrifices, est-ce une proposition sérieuse à faire? que M. de Girardin interroge M. de Cavour à ce sujet, et il verra quelle réponse il recevra de cet esprit vraiment éminent, qui a tant contribué à répandre dans l'opinion des idées favorables à son pays.

Ce n'était point de cette façon indifférente que le rédacteur en chef de *la Presse* traitait la question italienne, quand il écrivait, le 22 mars 1854. « L'homme illustre et modeste qui se nomme Manin eût été le Washington des États-Unis d'Italie, si l'année 1848 n'eût pas avorté (1). » Hélas ! l'homme auquel il rendait cette justice est mort de chagrin, en exil, dans sa pauvre retraite de la rue Blanche. M. de Girardin qui connaissait ce foyer de passage, ne se souvient-il plus de ses entretiens avec Manin sur les destinées de la race latine, alors que le publiciste et l'exilé combattaient ensemble dans *la Presse* en faveur de la nationalité de l'Italie, dont M. de Girardin paraît vouloir faire aujourd'hui si bon marché !

On ne dit pas à un homme qui meurt de faim : — Attendez, il arrivera un jour où le pain sera moins cher et où les pauvres ne souffriront plus ; on le secourt et l'on se tait. Il en doit être de même pour une nation, lorsqu'elle est mûre pour la liberté, et qu'à demi écrasée sous le poids de la servitude, elle vous crie : délivrez-moi ! on ne la renvoie point alors aux lointaines assises d'un jury autrichien. La politique expectante que M. de Girardin conseille à la Péninsule est la même que lord John Russell préconisait à la séance du 22 mars 1854 à la chambre des commu-

_______

(1) Voir le premier volume des Biographies de M. Hippolyte Castille, œuvre remarquable et remplie de faits intéressants.

nes. « Je crois, disait-il, que les Italiens ne pourraient rien faire de plus nuisible au but qu'ils se proposent, que de se soulever contre le gouvernement autrichien ; et je crois, au contraire, que, *s'ils restent tranquilles, il viendra un temps* où ce gouvernement sera plus humain et donnera plus de priviléges populaires que l'Italie n'en pourrait obtenir par une insurrection. » — Le qu'*ils restent tranquilles* adressé par lord John Russell aux Italiens — vaut le *qui finisse par comprendre* de M. de Girardin.

C'est le même conseil d'inertie, la même doctrine impliquant, de la part de l'Italie, l'acceptation préalable de la domination autrichienne.

Manin répondait plus logiquement à cette théorie du laisserfaire dans une lettre adressée au rédacteur en chef de *la Presse*, M. Emile de Girardin, qui l'approuvait sans doute alors : « Nous ne demandons pas, disait l'illustre exilé, à l'Autriche, qu'elle soit humaine et libérale en Italie, ce qui, du reste, lui serait impossible quand même elle en aurait l'intention ; nous lui demandons qu'elle s'en aille. Nous n'avons que faire de son humanité et de son libéralisme : nous voulons être les maîtres chez nous. »

Comment se fait-il que M. de Girardin vienne aujourd'hui formuler en d'autres termes une théorie politique qu'il laissait réfuter dans son journal à propos du discours de lord John Russell ? Le rôle de doublure n'est pas fait pour M. de Girardin, et un écrivain de sa taille a autre chose à nous donner que l'écho des paroles malencontreuses d'un orateur étranger.

Voyons la conclusion de la brochure de l'ancien rédacteur en chef de *la Presse* : « Ou la guerre est offensive, dit-il, ou la guerre est défensive ? » La guerre peut n'être ni défensive ni offensive, et celle que nous voudrions voir entreprendre immédiatement par la France serait une guerre pacificatrice, exempte de convoitises, uniquement consacrée à l'affranchissement de la nationalité italienne. Ainsi qu'il conviendrait de le faire à des hommes politiques qui ont l'insigne honneur de tenir entre leurs mains le glorieux drapeau de la France.

Lorsqu'un navire désemparé fait en pleine mer des signaux de

détresse, n'est-ce point le devoir de tout bon capitaine de courir,
à son secours, et que n'aurait-on pas le droit de dire si ce capitaine, par hypothèse, continuait sa route sans chercher à aider
l'équipage menacé par la tempête? Pourrait-il dire, à des hommes
ainsi exposés : Attendez ! le beau temps reviendra ! Voilà pourtant
ce que dit M. de Girardin aux peuples en péril au delà des Alpes;
car ce navire, faisant des signaux de détresse, c'est l'image de
l'Italie.

N'engageons pas notre généreux pays dans cette voie fatale,—
qu'il fasse une guerre juste afin de fonder une paix honorable. L'é-
pée de la France ne doit pas être livrée au plus offrant. Elle
n'est ni à louer ni à vendre, et nous ne croyons pas que
ceux qui la portent aujourd'hui, les vainqueurs de l'Alma,
d'Inkermann et de Sébastopol, soient très-enclins à la mettre
à la disposition d'un comptoir de marchands!... La victoire
sans conquêtes n'est pas un contre-sens, comme le croit et
le prétend M. de Girardin. — La guerre de Crimée en a été la
preuve; sans elle, jamais la France ne serait arrivée à obtenir la
suprématie qu'elle exerce dans les conseils de l'Europe. Et nous
avons lieu d'être étonnés qu'un homme aussi indépendant et aussi
éclairé que M. de Girardin en soit venu à faire chorus avec les
partisans de la *paix à tout prix*, — qu'il a toujours combattue
sous la monarchie constitutionnelle.

« Plongeons au fond des choses en brisant la glace brillante des
phrases qui les recouvre, » avait dit, en commençant, l'auteur de
la brochure que nous discutons. — Eh bien, nous sommes arrivé
à sa conclusion et nous nous apercevons avec surprise que
M. Émile de Girardin n'a rapporté de son plongeon *sous la glace
brillante des phrases*, pour toute découverte, pour tout remède aux
dangers de la situation, qu'un projet d'annexion des provinces italiennes à l'Autriche. En vérité on n'est pas plus malheureux! Cette
solution n'en est pas une; — adoptée même, — elle ne changerait
absolument rien à ce qui existe. Donc il était inutile de la proposer.

Tout Paris, en lisant ce mot, *la Guerre !* inscrit en gros carac-
tères sur une brochure signée du nom de M. Émile de Girardin,

s'attendait à y trouver des propositions pleines d'originalité, d'imprévu et de vigueur, — telles que le rédacteur de *la Presse* en développait au temps où sa plume était une puissance et où nous battions des mains à son attitude énergique. — A la place de tout ce que nous espérions, que recueillons-nous? — Un projet innocent qu'on recevrait en souriant de la part d'un jeune attaché d'ambassade au début de la carrière diplomatique. M. de Girardin a souvent étonné l'opinion ; cette fois, — il l'étonnera encore ; mais ce ne sera pas du moins par sa hardiesse ! La proposition peu rassurante, d'ailleurs, pour la Péninsule, d'annexer les provinces italiennes à l'empire d'Autriche, équivaut à peu près à l'action de celui qui offrirait un verre d'eau sucrée à un homme qu'on retirerait à demi asphyxié du fond de la rivière. Il est vrai, qu'en regard de ce plan trop naïvement conçu, M. de Girardin en propose un autre beaucoup moins anodin : — il consisterait tout simplement à mettre le feu aux quatre coins de l'Europe pour reconquérir aux bords du Rhin, des provinces qui ne veulent pas de nous. Ne nous éloignons pas à ce point des limites de la raison et du bon sens. — En politique, ce qui est impossible est inutile à discuter.

Concluons entre l'humiliation de rester les bras croisés à admirer *l'ordre qui règne* à Venise et à Milan, comme autrefois à Varsovie, et entre la folle pensée de provoquer un bouleversement universel. La France a une politique plus nationale, plus glorieuse, plus profitable même pour elle à maintenir au delà des Alpes. C'est la politique traditionnelle fondée par Henri IV, définie par Sully et rappelée récemment, avec une grande autorité, par l'auteur de la brochure intitulée : *Napoléon III et l'Italie.* C'est enfin la grande politique, celle qui a pour base le respect des nationalités et pour but immédiat l'affranchissement d'un peuple bien digne, malgré les calomnies dont on l'accable, de reprendre sa place dans la société européenne. Oui, notre noble pays a trop le sentiment de sa grandeur, de son génie, pour désirer jamais s'armer contre des ennemis imaginaires et marcher, en Don Quichotte, à la conquête du genre humain, comme le propose ironiquement sans doute M. Émile de Girardin. Au-dessus du rôle impossible tracé par la fantaisie, il y a celui que le devoir indique à une nation comme la France. C'est celui-là qu'il faut choisir. La politique ne consiste pas à courir étourdiment jusqu'à la dernière limite de son droit, mais à faire dans cette limite tout ce qui est utile et possible, a dit un savant économiste (1).

Que la France agisse donc dans ce sens, et qu'après avoir épuisé toutes les voies conciliantes, elle ne craigne pas de mêler un peu de gloire à sa politique au delà des Alpes. Elle n'y perdra rien. Le jour où elle pourra inscrire sur son drapeau, à la suite d'une nouvelle victoire, ces mots magiques : *Affranchissement de l'Italie*, toutes les nations civilisées seront avec elle; toutes, loin de l'entraver, approuveront dans la Péninsule l'œuvre libératrice, comme elles ont approuvé en Orient l'œuvre de protection. « Les esprits faibles, tous ceux qui n'osent pas croire au droit de l'opprimé et révoquer en doute la justice de l'oppresseur, ont fini par se convaincre que les principes du droit international ne sont au fond que des abstractions sans portée et sans application; ils n'ont pas remarqué que la raison pratique et la justice universelle ont gagné les causes qui paraissaient les plus désespérées.

L'esclavage s'en va, la torture a disparu, les prisonniers de guerre ne sont plus ni égorgés ni rançonnés; l'étranger n'est plus assujetti à de prétendus droits aussi odieux qu'immoraux; les rapports de peuple à peuple deviennent tous les jours plus réguliers et plus intimes. La force a dû renoncer à la plupart de ses excès; elle n'oserait plus aujourd'hui fouler aux pieds le droit sans lui emprunter au moins son langage et ses formes. Cette hypocrisie, fort peu utile dans ces temps, où il n'est pas de masque qui ne soit promptement arraché, quelle que soit la figure qu'il recouvre, est un présage certain. Le jour n'est pas éloigné où toute intervention arbitraire sera aussi impossible que l'est aujourd'hui l'emprisonnement d'un ambassadeur, fût-il celui de la république

_______________

(1) Rossi.

de Saint-Marin. » Oui, le présage était certain, car nous sommes arrivés à ce jour où l'intervention arbitraire de l'Autriche dans la Péninsule doit cesser. L'application de ces doctrines, favorables à la souveraineté nationale, ne saurait être suspendue plus long-temps sans injustice, et même sans danger pour nous.

Après les remontrances, les protestations, l'interruption des relations amicales, la menace, viendra la guerre. Triste et terrible nécessité toujours, mais préférable encore cent fois au maintien d'une paix honteuse qui n'assurerait à la France aucune sécurité, à l'Italie aucune garantie, à l'Europe aucun repos. Et, au contraire, en soutenant par les armes la cause des opprimés contre les oppresseurs, la France ferait certainement un acte de sage politique ; et il n'y a, en résumé, pas de conduite plus habile que celle qui a la justice pour guide.

Aux esprits timides que la responsabilité d'une telle décision effraye, aux partisans de la résistance autrichienne qui parlent sans cesse de leur amour pour la paix, nous répondrons : « Le véritable auteur de la guerre n'est pas celui qui la déclare ; mais celui qui l'a rendue nécessaire par une politique sans grandeur, sans dignité, sans bonne foi (1). » Dans le but d'accroître sa puissance, le gouvernement autrichien surexcite, par sa domination en Italie, les passions les plus dangereuses, et compromet ainsi l'ascendant de la France sur toute la race latine. L'Autriche réduite et rentrée dans ses limites naturelles, toute cause de désordre disparaît, l'avenir de l'Europe est assuré. — C'est pourquoi nous nous croyons autorisé à dire encore une fois en terminant : Faites la guerre ; car la guerre, c'est la paix !

ANATOLE DE LA FORGE.

(1) Napoléon III, œuvres complètes.

Imprimerie de L. TINTERLIN et Ce, rue Neuve-des-Bons-Enfants, 3.

www.ingramcontent.com/pod-product-compliance
Lightning Source LLC
Chambersburg PA
CBHW061133050726
47594CB00005B/2212